Laten we dankbaar zijn

Sri Mata Amritanandamayi

Laten we dankbaar zijn

Sri Mata Amritanandamayi

Samengesteld door Swami Jnanamritananda Puri
Vertaald in het Engels door Rajani Menon

Uitgegeven door:
    Mata Amritanandamayi Center
    P.O. Box 613
    San Ramon, CA 94583
    Verenigde Staten

Internationaal: www.amma.org

In Nederland: www.amma.nl

In België: www.vriendenvanamma.be

Laten we dankbaar zijn

Sri Mata Amritanandamayi

Mata Amritanandamayi Center
San Ramon, Californië, Verenigde Staten

Inleiding

mātā bhūmiḥ putrōham pṛthivyāḥ
Deze aarde is mijn moeder, en ik ben haar
zoon.

Dit is een mantra uit de Bhūmi Sukta uit het
twaalfde boek, Dvādasha Kāṇḍa, van de Atharva
Veda.

Wij zijn kinderen van de aarde. Het is ons
dharma om de aarde als onze moeder te zien en
haar lief te hebben en te dienen. Dit is het inzicht
en de visie van een cultuur die is gebaseerd
en ontwikkeld op de principes van Sanātana
Dharma. Onze moeder droeg ons tien maanden
in haar schoot voordat ze ons ter wereld bracht,
maar Moeder Natuur draagt en beschermt ons
ons hele leven lang. Ze geeft ons alles wat we
nodig hebben.

Maar volgen wij, als haar kinderen, ons
dharma? Wanneer een kind in de baarmoeder
zijn moeder pijn doet, schaadt het zichzelf, omdat

het kind deel uitmaakt van het lichaam van de moeder. Op dezelfde manier ondervinden we nu de pijnlijke gevolgen van alle grote en kleine fouten die we de natuur hebben aangedaan. Toch verdraagt onze altijd liefdevolle Moeder Natuur alle schade die we haar toebrengen en blijft ze ons beschermen. Maar denken we ook maar één keer aan Moeder Natuur? Hechten we belang aan de woorden van onze voorouders? We moeten nu bereid zijn om onze fouten te herstellen. Amma's woorden herinneren ons eraan dankbaar te zijn.

Laat op zondagavond 4 september 2022 liep Amma na haar darśhan de helling van het podium af om terug te gaan naar haar kamer. Ze sprak met de devotees die op haar wachtten en begon toen, zonder enige inleiding, te praten over de wreedheid van de mens tegenover de natuur. Iedereen luisterde aandachtig naar Amma's woorden. Zelfs nadat ze haar kamer was binnengegaan, ging Amma nog een tijd door met praten. "Het is hoog tijd dat de mensheid haar houding ten opzichte van de natuur verandert. We mogen niet langer wachten." Zo sloot Amma haar woorden af. Amma sprak meer dan een half uur. Haar belangrijkste punten zijn de inhoud van dit boek geworden. Dit boek inspireert ons om na te denken, de juiste beslissingen te nemen en daarnaar te handelen. Laten we ons verenigen en gezamenlijk optreden om onze plicht jegens Moeder Natuur te vervullen.

" *De natuur is Kāmadhēnu, de goddelijke, wens vervullende koe die iedereen voorspoed schenkt. Maar op dit moment lijkt ze meer op een zieke koe waarvan de uiers zijn opgedroogd en die op het punt staat te sterven. Het aantal bossen op aarde is afgenomen. Voedsel wordt schaars. Er is geen zuivere lucht of water meer. Het aantal ziekten neemt toe. Als we alleen dat van de natuur nemen wat voor ons levensonderhoud nodig is, is er voldoende voedsel, water en kleding voor iedereen. Dan kan de natuur haar vitaliteit hervinden en weer als Kāmadhēnu worden.*

Amma

Laten we dankbaar zijn voor de overvloed van de natuur. De moeder die ons ter wereld heeft gebracht, houdt ons de eerste twee of drie jaar op haar schoot. Maar Moeder Aarde draagt ons gewicht ons hele leven lang. We hebben ons lichaam aan deze aarde te danken. Maar terwijl wij op haar spugen en stampen, blijft zij ons liefdevol zegenen. We leven van de overvloed die de aarde ons schenkt. Zelfs de moedermelk die we als baby dronken, kwam van Moeder Aarde, want het voedsel dat onze moeders aten, kwam van Moeder Aarde. Dit voedsel stelde haar in staat ons te voeden met moedermelk. We zijn Moeder Aarde dus nog meer dank verschuldigd dan de moeder die ons ter wereld bracht. Moeten we haar dan niet altijd dankbaar blijven?

Sanātana Dharma aanbidt de zon, de maan, de bomen, de planten, de vogels, de dieren, de aarde en alles wat zich daarop bevindt. Sanātana Dharma beschouwt hen allemaal als God. In werkelijkheid is deze aanbidding niets anders dan een uitdrukking van diepe dankbaarheid voor al het goede dat zij voor de mensheid doen.

's Ochtends begroeten veel mensen de zon, buigen ervoor en bidden. Ze reciteren de Āditya Hṛdaya[1]. Sommige mensen vragen: "Is dit niet primitief? Waarom zouden we tot de zon bidden?"

Zijn we ons er bewust van dat het leven op deze planeet mogelijk is dankzij de zon? Uit zonlicht krijgen we vitamine D, dat onontbeerlijk is voor sterke botten en spieren. Artsen adviseren om dagelijks enige tijd in de zon door te brengen. Zonlicht is nodig om de hersenen te stimuleren, herinneringen te vormen en informatie vast te houden. Veel landen met een tekort aan zonlicht melden een hoog aantal depressies. Ook het aantal zelfmoorden is er hoger.

Ziekten tieren welig als de zonnewarmte afneemt en het koud wordt. In Kerala regent het hevig in de maand Karkkiṭaka[2], wanneer don-

---

[1] 'Hart van de zonnegod', een hymne ter verering van de zon.

[2] De laatste maand van de Malayalam kalender, die ongeveer samenvalt met de periode juli - augustus. Het is het hoogtepunt van de moesson.

kere wolken de zon bedekken en er minder zon is. In deze tijd breken er maag- en darmziekten en epidemieën uit. Dit toont aan hoe essentieel de aanwezigheid van de zon voor het leven is.

De zon heeft onze aanbidding niet nodig. Wij zijn het die van de zon profiteren. Dus, wat is er mis mee om de zon te zien als een manifestatie van God, die ons voedt en beschermt? Is er een plaats waar God niet is? Als iemand iets wat we hebben laten vallen, opraapt en het aan ons teruggeeft, bedanken we hem. Getuigt het niet van een gebrek aan dankbaarheid en innerlijke beschaving, als we onze dankbaarheid niet op de een of andere manier uiten? Waarom vergeten we dit in het geval van de natuur dan wel?

Een bloemknop in een dicht bos kan pas bloeien als er zonlicht is. Zonder zonlicht en warmte is er geen leven op aarde. Een dankbaar hart kijkt met eerbied naar de zon.

Vroeger groeide er tulasī (heilig basilicum) voor elk hindoeïstisch huis. Na hun ochtendbad gaven de gezinsleden de plant water, liepen er eerbiedig omheen en dronken wat water waarin de tulasīblaadjes waren ondergedompeld.

Tulasī is een geneeskrachtige plant. Als iemand verkouden was, adviseerden de ouderen in de familie hem om water met tulasī-blaadjes te koken en op te drinken. Tulasī is een natuurlijke immuunversterker en een middel tegen veel ziekten. Waarom zouden we het ritueel om rond de tulasīplant te lopen in twijfel trekken? Deze uiting van eerbied is een uiting van dankbaarheid, niet alleen aan de tulasī maar aan alle vruchten en groenten, die als voedsel en medicijn dienen.

De hindoeïstische traditie eert ook de heilige bilvaboom (Aegle marmelos of steenappel). Zijn bladeren en vruchten hebben ook een grote medicinale waarde. Het heilige water dat in tempels wordt uitgedeeld als prasād (gewijd offer), is vaak doordrenkt met tulasī- en bilvabladeren. Dagelijks een paar druppels van dit heilige water drinken verhoogt onze immuniteit.

Onze voorouders tekenden elke ochtend kōlams, vloertekeningen, gemaakt van rijstmeel. Zelfs nu zijn er mensen die dit doen. Het is niet alleen een versiering, het is ook bhūta yajña, een ritueel voedseloffer aan allerlei schepsels. Mieren en andere kleine insecten eten rijstmeel. Op deze manier voorkomen we dat ze onze keukens en voorraadkamers binnendringen op zoek naar voedsel. Omdat deze beestjes een belangrijke rol spelen bij het schoonhouden van onze omgeving, kunnen we het tekenen van een kōlam ook als een gebaar van dankbaarheid jegens hen beschouwen.

Elke traditionele ceremonie in Sanātana Dharma is een uiting van dankbaarheid voor de hulp die verschillende wezens in de natuur ons bieden. De natuur geeft ons onmetelijk veel meer dan wij geven. Daarom moeten we deze rituelen zien als daden van liefde en dienstbaarheid aan alle wezens.

Niets kan ondankbaarheid goedmaken

We kunnen onze fouten herstellen door goede daden te verrichten. Maar niets kan ondankbaarheid goedmaken. Als we de natuur niet dankbaar zijn voor al het goede dat ze doet, krijgen we vroeg of laat een terugslag. We moeten dankbaar zijn voor alles wat we ontvangen, of het nu klein of groot is. De dankbaarheid die onze voorouders voelden en uitten voor de vrijgevigheid van de natuur, ontwikkelde zich tot aanbiddingsrituelen. Elk traditioneel ritueel heeft betekenis. Geen enkele ceremonie is zinloos. Elk ritueel is gebaseerd op een begrip van de menselijke aard. Op de lange termijn zijn degenen die de rituelen volgen, degenen die er het meeste baat bij hebben.

In de gurukula's[3] van Bhārat (India) werden vaak śhānti mantra's (vredesgebeden) gezongen. Deze mantra is er een van:

> *ōm sarvē bhavantu sukhinaḥ*
> *sarvē santu nirāmayāḥ*
> *sarvē bhadrāṇi paśyantu*
> *mā kaścid duḥkha-bhāg bhavēt*
> *ōm śāntiḥ śāntiḥ śāntiḥ*

> Dat iedereen vrede mag ervaren. Dat niemand ziek mag zijn. Dat iedereen alleen het goede mag zien. Dat niemand zal treuren. Om, vrede, vrede, vrede![4]

Onze voorouders baden niet: "Dat het alleen mij goed gaat" of "Dat het alleen ons voor de wind

---

[3] De kula (kring) van de guru. Een gurukula is een traditionele school waar studenten voor de hele duur van hun studie van de geschriften bij de guru verbleven.

[4] Vrede wordt driemaal herhaald voor de verzachting van drie soorten lijden: ādhyātmika (lichamelijk en mentaal lijden), ādhibhautika (lijden veroorzaakt door anderen) en ādhidaivika (lijden veroorzaakt door de tijd, de natuur en het lot).

mag gaan." Hun zorg ging niet alleen uit naar het welzijn van de mensheid. Integendeel, zij baden voor het geluk van alle levende wezens. Zij wisten dat geluk voor alleen de mens niet mogelijk is, omdat ons welzijn afhankelijk is van dat van alle andere wezens. Wij kunnen alleen overleven als er harmonie in de natuur is.

Buig in eerbied

In Sanātana Dharma zijn de schepper en de schepping niet gescheiden. Het goddelijk bewustzijn doordringt alles. We aanbidden dieren, vogels, de zon, bergen en rivieren. Daarmee aanbidden we de ene God die in hen allen woont. Er is niets anders dan God in het universum; niets staat los van hem. Mensen die de praktische voordelen van een dergelijke aanbidding niet inzien, bestempelen die gering-schattend als primitief.

Amma wil graag haar ervaring delen. Ze is geboren en opgegroeid in het dorp Alappad, dat tussen de oceaan en de backwaters ligt. Mensen baadden in de backwaters, toen het water er nog schoon was. Amma deed dat als kind ook. Dama-yanti-amma (Amma's moeder) zei dan: "Plas niet in het water. De rivier is Dēvī (de Godin)."

Amma voelde de drang om te plassen als ze in het koude water waadde, maar dan schoten de woorden van Damayanti-amma haar te binnen. En als een schakelaar die wordt uitgezet, kon Amma de drang beteugelen. Het is niet de rivier die hiervan profiteert, maar degenen die erin baden of zwemmen. Als het water waarin we baden of zwemmen vervuild is, kunnen we ziek worden. Daarom mag niemand vuile kleren dragen in een zwembad; dat verontreinigt het water. Wie dan gaat zwemmen, kan ziek worden. Oorontstekingen zijn een veel voorkomende ziekte die door water overgebracht worden.

Onze voorouders adviseerden ons om water-lichamen als een vorm van God te zien en ze voor ons eigen welzijn ongerept te houden. Men zegt ook dat de schepping uit water ontstaan is. Kunnen we overleven zonder water? Hoe kunnen we zonder water het voedsel verbouwen dat we eten? Oude beschavingen over de hele wereld lagen aan rivieroevers. We vereren rivieren om waardering te tonen voor de zegeningen die zij ons schenken.

Sommige mensen zeggen spottend: "Jullie aanbidden toch ook bomen?" Het is waar dat we bomen aanbidden in Sanātana Dharma. Als we erbij stilstaan wat bomen allemaal voor ons doen, buigen we ons hoofd in eerbied voor hen.

In Ernakulam werd regelmatig afval gedumpt op een eiland niet ver van het AIMS-ziekenhuis[5]. Hoewel het eiland grondig werd schoongemaakt als onderdeel van de Amala Bharatam-campagne[6], lieten tests zien dat de grond er zeer giftig was. We hebben toen rāmaccam (vetiver) en andere bomen op het eiland geplant. Na drie jaar hebben we de grond opnieuw onderzocht. Deze keer was er geen spoor van gif meer te vinden. Wetenschappelijke tijdschriften hebben artikelen gepubliceerd die aantonen hoe de wortels van de rāmaccam en andere bomen verontreinigde grond zuiveren. Bomen en planten slagen waar techniek en menselijke inspanningen falen. Een van de redenen waarom wij planten en bomen aanbidden is dus dat zij de aarde zuiveren.

Net als bomen zuiveren ook veel andere wezens de lucht. De walvis speelt hierbij een

---

[5] Amrita Institute of Medical Sciences of Amrita ziekenhuis

[6] Een campagne die Amma in 2010 lanceerde om de openbare ruimten en nationale snelwegen van India schoon te maken.

belangrijke rol. We weten dat bomen kooldioxide absorberen en zuurstof afgeven aan de
atmosfeer, waardoor deze wordt gezuiverd. Een
enkele walvis produceert evenveel zuurstof als
een groot aantal bomen. Daarnaast verzamelen
grote walvissen tonnen kooldioxide in hun
lichaam en wanneer ze sterven nemen ze die
mee naar de zeebodem. Verdienen walvissen
daarom ook niet ons respect? Wetenschappers zijn zich nu bewust van de vitale rol
die micro-organismen in zee spelen bij het
vrijmaken van zuurstof in de atmosfeer. Als er
te weinig zuurstof in de atmosfeer zit, wordt de
aarde onbewoonbaar.

In Kollam, vlakbij de āśhram, was een zeer
diepe put. Vier mannen gingen de put in om
hem schoon te maken maar stierven omdat ze
giftige lucht inademden. Er was diep in de put
geen zuurstof. Wij kunnen frisse lucht inademen
en op aarde leven dankzij een grote verscheidenheid aan levensvormen. Maar nemen we de
moeite om ook maar één keer in ons leven aan
hen te denken? Is het geen gemis als we hen
nooit onze oprechte dankbaarheid betuigen?
Kunnen we tenminste in gedachten niet voor
hen buigen?

Door onze hebzucht sterven veel planten- en diersoorten uit. We gebruiken pesticiden om onze gewassen te beschermen tegen ongedierte dat de gewassen opeet om zijn honger te stillen. Maar wij tasten door onze hebzucht de natuur aan en vernietigen haar. Zijn mensen daarom niet het gevaarlijkste ongedierte op aarde?

Soms beledigen we iemand door te zeggen: "Je bent net een hond!" Maar een hond heeft vaardigheden die wij niet hebben. Hij heeft bijvoorbeeld een scherp reukvermogen. Daarom worden honden door de politie gebruikt om drugs en criminelen op te sporen. Zo heeft God elke soort gezegend met unieke vaardigheden. Daarom moeten we elk wezen in de schepping respecteren.

Sanātana Dharma heeft ook grote eerbied voor bergen. Zij dwingen de lucht op te stijgen en daardoor af te koelen. Door de afkoeling condenseert de waterdamp en valt neer als regen. De kleine stroompjes water die van de bergen afstromen worden geleidelijk rivieren. Op berghellingen groeien vele soorten geneeskrachtige planten. Bergen dienen de mensheid dus op vele manieren. Door ze te aanbidden danken we hen voor hun vrijgevige hulp.

Vroeger werden stieren gebruikt om de velden te ploegen. Mensen gebruikten stieren en ossenkarren voor de handel en transport. Mensen drinken koemelk en eten verschillende zuivelproducten. Melk van een inheemse koe is de ideale vervanger voor moedermelk. Veel mensen leven van de inkomsten van een enkele koe. Ze voeren de koeien hooi, rijstkaf en rijstwater. Wat koeien teruggeven is van veel grotere waarde. Dit wetend vereren we de koe als moeder Gō-mātā. Kāmadhēnu, de Kalpavṛikṣha, Nandi en Garuḍa zijn allemaal goddelijke symbolen van onze eerbied voor alle wezens in de schepping.[7]

Niets in onbelangrijk in de natuur

Niets is onbelangrijk in de natuur. Als de motor van een vliegtuig hapert, kan het vliegtuig niet opstijgen. Eén ontbrekende schroef kan de veiligheid van een vlucht in gevaar brengen. Zo is ook niets onbelangrijk in de natuur. We

---

[7] Kāmadhēnu is een mythische wens vervullende koe. Kalpavṛikṣha is een mythische wens vervullende boom. De stier Nandi is het voertuig van de God Śhiva. De adelaar Garuḍa is het voertuig van de God Viṣhṇu.

hoeven iets niet te minachten of kleineren alleen omdat het klein is.

Het eerste wat we zouden moeten doen als we wakker worden is buigen voor Bhūmīdēvī, Godin Aarde, en haar eerbiedig aanraken. Wij zijn het die baat hebben bij deze handeling. Buigen is een eenvoudige oefening die het lichaam na urenlang slapen rekt. Het reguleert ook de bloedsomloop. Als we onze dag beginnen met het besef dat de natuur onze moeder is die ons beschermt en liefheeft, worden alle natuurkrachten ons gunstig gezind. God heeft niets van ons nodig. Net zoals de zon geen kaarslicht nodig heeft om te kunnen zien.

Ayurvedische geneesmiddelen worden bereid met een mengsel van kruiden. De olie die veel mensen in India voor het baden op hun lichaam smeren, wordt bereid met een verzameling ingrediënten: chandan (sandelhout), raktachandan (rood sandelhout), veḷḷakoṭṭam (Indiase costus), devatāram (ceder), añjana-kallu (surmasteen), pacca-karpūram (natuurlijke kamfer) en kayyōnni nīru (sap van de bhriṅgarāj bloem) en dus niet slechts met één bestanddeel. Evenzo is de natuur niet beperkt tot slechts één soort, maar zij omvat vogels, dieren, insecten, waterdieren en mensen. Het is een natuurwet dat het ene dier voedsel voor het andere wordt. Zo zorgt de natuur ervoor dat geen enkele soort zich onevenredig uitbreidt. Deze wet verstoort de harmonie in de natuur niet. Dankzij andere levensvormen, zowel plantaardig als dierlijk, kunnen wij zuivere lucht inademen, zuiver water drinken en voedsel krijgen. Wij kunnen alleen dankzij hun genade bestaan.

Maar alleen de menselijke soort vernietigt de natuur. We zijn zo trots op ons intellect, maar toch vervuilen we de lucht, manipuleren het voedsel, halen bergen weg en verontreinigen rivieren. We dumpen chemicaliën in de rivieren en doden zo vele vormen van waterleven. We hebben vogels, dieren en vissen tot uitsterven gebracht en menig bos verwoest. Wij zijn als enige verantwoordelijk voor de huidige slechte toestand van de natuur. Maar ondanks de wreedheden die wij de natuur hebben aangedaan, biedt zij ons nog steeds een aangename plek om te leven. We moeten haar dankbaar zijn.

Zaag de tak waarop je zit niet af

Wetenschappers hebben kunstmest en pesticiden uitgevonden om ernstige voedseltekorten tegen te gaan en oogsten te vergroten. Ze hebben ook specifieke instructies over de juiste dosering gegeven, omdat overdosering de gezondheid en levensduur schaadt en zelfs de dood kan veroorzaken. Maar veel boeren zijn alleen geïnteresseerd in het verhogen van de opbrengst om zoveel mogelijk te verdienen. Ze negeren de instructies en gebruiken lukraak kunstmest en pesticiden.

Hoewel dit willekeurig gebruik op korte termijn misschien winstgevend is, leidt het uiteindelijk tot de vernietiging van zowel de natuur als de mensheid. Het is te vergelijken met het afzagen van de tak waarop we zitten. Als we proberen een vieze muur te verven, blijft de verf niet aan de muur plakken. Zo zal ook de aarde uiteindelijk niet meer reageren op meststoffen, omdat veel micro-organismen die de vitaliteit van de bodem vergroten, zijn gedood doordat we te veel kunstmest aan de bodem gegeven hebben. Nu al is de bodem in vele delen van de wereld ongeschikt geworden voor de landbouw. Nu de prijzen van kunstmest en pesticiden stijgen, wordt de landbouw voor velen onrendabel. Veel boeren plegen zelfmoord vanwege het leed dat wordt veroorzaakt door een kleine oogst en hoge kosten.

Giftige fabrieksdampen hebben de lucht vervuild. Giftige chemicaliën die in het water terechtkomen hebben het water verontreinigd en het gedumpte afval heeft de aarde vergiftigd. Onze ongecontroleerde hebzucht heeft de natuur verwoest.

Amma is niet tegen vooruitgang en modernisering. We kunnen hebben wat we willen, maar we moeten alleen nemen wat we nodig hebben. Wij moeten de gewoonte loslaten om alleen voor onze eigen behoeften en die van onze familie te zorgen. Toekomstige generaties hebben ook recht op dit land. We moeten beseffen dat we door de vervuiling van de aarde de weg vrijmaken voor de vernietiging van de menselijke soort.

Als we vroeger een snee of wond hadden, deden we er koeienmest op zodat de wond snel genas. Maar vandaag de dag ontsteekt een wond als je er koeienmest op doet. Dit komt doordat de koeien vroeger werden gevoed met het kaf van graan dat zonder kunstmest was verbouwd, en het kaf dus vrij van alle verontreinigingen was. Daarnaast kregen de koeien koeken van sesam, kokos en pinda's, nadat de olie eruit was gehaald. Het hooi dat ze kregen was ook vrij van chemicaliën. In die tijd konden de koeien grazen op brede weiden met gras, kleine planten en struiken. De mest, urine en melk van deze koeien waren geneeskrachtig. Pañchagavya[8], dat uit deze ingrediënten gemaakt werd, was geneeskrachtig. Maar nu krijgen de koeien kunstmatig veevoer en gedroogde rijststengels waaraan overmatig veel kunstmest en pesticiden zijn toegevoegd. Hoe kunnen melk, mest en urine van een koe dan geneeskrachtig zijn?

Tegenwoordig vind je zelden iemand die geen auto heeft. Er zijn gezinnen van vier personen die alle vier hun eigen auto hebben. Niemand denkt aan de vervuiling door de uitlaatgassen van al die voertuigen. En als ze zich er wel bewust van zijn, vinden ze dat milieubehoud en -bescherming niet hun verantwoordelijkheid is.

We kunnen brandstof besparen door anderen een lift te geven in plaats van alleen te reizen. Met minder voertuigen neemt ook de vervuiling af. Als er 4.000 of 5.000 mensen in een buurt wonen, kan één persoon drie of vier anderen

---

[8] Mengsel dat van vijf ingrediënten wordt gemaakt: koeienpoep, urine, melk, yoghurt en ghee.

meenemen die voor hetzelfde bedrijf werken. Men kan dan de brandstofkosten onderling delen. Ze kunnen om de beurt rijden. Het verkeer en de reistijd zullen verminderen. Verkeersongevallen zullen afnemen. We kunnen nieuwe vrienden maken. We hoeven geen ritten aan vreemden aan te bieden, maar alleen aan mensen die we kennen en vertrouwen. Door dergelijke afspraken kunnen we helpen de harmonie in de natuur in stand te houden.

De vooruitziende blik van onze voorouders

Modern wetenschappelijk onderzoek heeft de woorden van onze voorouders bevestigd. Zij rieden af om tijdens een zonsverduistering direct naar de zon te kijken. In plaats daarvan vulden ze een groot vat met water, deden er een beetje koeienmest bij en keken naar de weerkaatsing van de zon in het water. Tegenwoordig waarschuwen wetenschappers dat rechtstreeks naar een zonsverduistering kijken schadelijk is voor de ogen. Ze adviseren ons een donkere bril te dragen als we dat willen doen. Onze voorouders wisten al hoe we naar een zonsverduistering konden kijken zonder de ogen te beschadigen of onnodig geld uit te geven. Onze voorouders hebben ons ontelbare parels van wijsheid nagelaten.

De *Bhāgavata Purāṇa*[9], een tekst uit de oudheid, verklaart: "Bossen zullen plaats maken voor huizen; huizen zullen winkels worden; mensen zullen niet meer naar tempels gaan en bedwelmende middelen consumeren; de zoon zal de vader opeten en de vader zal de zoon opeten." Deze voorspellingen komen letterlijk uit. We hebben 70% van de bossen gekapt en er huizen gebouwd. Veel huizen zijn nu net winkels, doordat het aantal mensen dat thuis online zaken doet, met de dag toeneemt.

Lang geleden, als mensen zich verdrietig voelden, riepen ze God aan. Maar nu wenden ze zich tot alcohol en andere bedwelmende middelen. Wat gebeurt er tegenwoordig in kerken, tempels en moskeeën in naam van festivals? De muziek, dans en het drama die daar worden opgevoerd, wekken lagere emoties op. Soms monden ze uit in scheldpartijen en gevechten.

---

[9] Een van de 18 Purāṇas die ook *Śrīmad Bhāgavatam* genoemd wordt, is een Sanskriet tekst die het leven, het verleden en het onderricht van de verschillende incarnaties van Śrī Viṣṇu vertelt, maar vooral die van Kṛṣṇa.

Dit bevestigt de voorspelling dat "mensen niet meer naar tempels gaan en bedwelmende middelen gebruiken." In plaats van te wedijveren en te vechten in naam van God moeten we proberen ons spirituele principes eigen te maken. Dan worden we geduldig, liefdevol en meedogend voor anderen. Hoe vaak horen we niet dat drugsverslaafden hun eigen moeder of kinderen aanvallen? Eenmaal verslaafd aan drugs worden mensen onverschillig tegenover hun familie en zullen ze er niet voor terug schrikken om hen aan te vallen of te doden. Dit is de erbarmelijke staat van onze relaties.

In de Purāṇas[10] staat dat men in Kali-yuga[11] mannen en vrouwen niet van elkaar kan onderscheiden aan de hand van hun uiterlijk of kleding. Dit is uitgekomen. Meisjes hebben kort

---

[10] Verzameling verhalen, waaronder de biografieën en verhalen van goden, heiligen, koningen en grote mensen; allegorieën en kronieken van grote historische gebeurtenissen die tot doel hebben de leer van de Vēdas eenvoudig en voor iedereen toegankelijk te maken.

[11] Volgens het hindoeïstische wereldbeeld doorloopt het universum een cyclus van vier yuga's (tijdperken). Dharma neemt in ieder tijdperk af. Het vierde en huidige tijdperk staat bekend als de Kali-yuga.

haar en lopen rond in jeans en shirts. Jongens hebben nu lang haar.

Amma probeert niemands vrijheid te beperken. Ze wijst er alleen op dat veel oude profetieën zijn uitgekomen. Het weer is niet langer voorspelbaar. Er zijn meer hittegolven die voor langere tijd aanhouden. Het regent onophoudelijk. Stortregens leiden tot aardverschuivingen en modderstromen die enorme verwoestingen veroorzaken.

Er wordt gezegd dat er in Kali-yuga geen sprankje mededogen meer zal zijn; zelfs koeien zullen geen melk meer geven. Deze woorden zijn aan het uitkomen.

Leer te geven

Tegenwoordig zijn we egoïstischer en minder vrijgevig. We zijn meer geïnteresseerd in nemen dan in geven. Zelfs bij het zetten van een kopje thee denken we: "Moet ik er echt zoveel melk, suiker of thee in doen?" Met winst als enig doel bedenken we manieren om alles wat we geven te verminderen. Door dit egoïsme ruïneren we onszelf.

De toewijding van onze voorouders was niet blind of primitief. Zij leerden dat het belangrijker is onze manaḥsthiti (houding) te veranderen dan de paristhiti (externe omgeving). Als we ons kunnen aanpassen aan veranderende omstandigheden, zijn we overal gelukkig. Maar als we dit niet geleerd hebben, zullen we slapeloze nachten hebben, zelfs in kamers met airconditioning. Onze voorouders hechtten evenveel belang aan onderwijs voor het leven als aan onderwijs om in het levensonderhoud te voorzien. Tegenwoordig is de reikwijdte van onderwijs beperkt tot het verwerven van beroepsvaardigheden.

Wanneer onderwijs gericht is op het verwerven van kennis over de buitenwereld, kunnen we vaardigheden ontwikkelen die nodig zijn om geld te verdienen. Maar geld op zich geeft geen vrede of tevredenheid; alleen een kalme geest geeft ons dat. Spirituele opvoeding leert ons hoe we een rustige geest kunnen krijgen en met de juiste waarden kunnen leven. Spiritualiteit leert ons de begrippen 'ik' en 'mijn' los te laten en van onze medemens en andere wezens in de schepping te houden en hen te dienen. De ṛṣhi's (zieners) vereerden de natuur niet uit angst maar uit liefde. Zij bekeken de natuur met dankbaarheid, omdat alle wezens, van de kleine honingbij tot de enorme walvis, voor ons een gunstige omgeving creëren om in te leven. Laten wij in ruil daarvoor onze dankbaarheid tonen door eerbied te hebben voor de natuur en haar te beschermen.

In Kerala begon het landbouwseizoen traditioneel op Pattām-udayam, de tiende zonsopgang na Viṣhu[12]. Op die dag werden er bij elk huis jonge boompjes geplant. Damayanti-amma maakte altijd jonge boompjes klaar om te planten op Pattām-udayam. De zon wordt op die dag als zeer sterk beschouwd. We kunnen de hongerdood alleen voorkomen als er een goede oogst is. Daarvoor is zonlicht van vitaal belang. Boeren waren zich hiervan bewust en Pattām-udayam was voor hen een feestelijke viering.

Er zijn nog meer feesten die verband houden met de landbouw. Pongal[13] is er daar een van. Vroeger waren de boeren voor hun landbouwactiviteiten voornamelijk afhankelijk van vee. Māṭṭu-pongal is een eerbetoon aan de dienst

---

[12] Populair hindoeïstisch feest dat in Kerala wordt gevierd en samenvalt met de lente-equinox.
[13] Oogstfeest van drie dagen, waartoe ook Māṭṭu-pongal en Sūrya-pongal behoren.

die het vee ons bewijst. Tijdens Makara-pongal gedenken we dankbaar de zonnegod, die de hele wereld beschermt en bieden hem Pongāla-naivēdya aan, een traditionele pudding gemaakt van pas geoogste rijst, gekookt in melk en jaggery. We moeten altijd dankbaar zijn voor iedereen die ons helpt, of het nu mensen, dieren, vogels, planeten of sterren zijn. Hetzelfde goddelijke bewustzijn schijnt in allen.

Piṭri-tarpaṇa, een offergave aan onze voorouders

Velen zeggen dat het bijgelovig is om rituelen uit te voeren die overleden voorouders tevredenstellen en behagen. In plaats daarvan moeten we onze ouderen beschermen en verzorgen terwijl ze nog leven. Natuurlijk moeten we ervoor zorgen dat het onze ouders aan niets ontbreekt en liefdevol voor hen zorgen als ze nog leven. Maar is alles wat zij hebben gedaan om ons te helpen en zijn alle ontberingen die zij hebben doorstaan om ons op te voeden niet meer van belang zodra zij sterven? Wat is er mis mee om hen ten minste eenmaal per jaar na hun dood eer te bewijzen? Wie niet gelooft in rituelen voor de doden kan de rituelen beschouwen als uitingen van dankbaarheid.

Ieder ritueel dat is opgesteld door onze voorouders, heeft meerdere lagen van betekenis. Mensen die deze rituelen bekritiseren doen geen moeite om ze te begrijpen. Hoe kan de beperkte mens de geheimen van het universum begrijpen? Om ze te kennen moeten we inzicht hebben. Om inzicht te krijgen en de waarheid te zien moeten we ascetisch leven. Onze geschriften zijn niets anders dan de uitspraken van asceten.

Velen vragen wat het nut is van het uitvoeren van het Bali-ritueel[14]. De belangrijkste reden is om onze voorouders te bedanken voor het lichaam, de rijkdom en de cultuur die zij ons geschonken hebben. Het rijstoffer geven we daarna aan kraaien en vissen en zo houdt het offer andere wezens in leven. Stel dat we een e-mail sturen naar iemand die in een verre uithoek van de wereld woont. Die komt toch ook aan als het emailadres correct is? Op dezelfde manier zal ons gebaar ook zeker ten

---

[14] Ook bekend als Vāvu-bali; een heilig ritueel dat wordt uitgevoerd bij nieuwe maan in de maand Karkkiṭaka (juli - augustus) om de overleden zielen van voorouders gunstig te stemmen.

goede komen aan de jīva (ziel) mits we aan de gestorvene denken en een vast besluit nemen om hem te helpen. De dood is niet de ultieme vernietiging. Het vernietigt alleen het lichaam, dat bestaat uit de vijf elementen. Na de dood aanvaardt de jīva een ander lichaam op basis van de puṇya (verdiensten) en pāpa (gebreken) die hij heeft verkregen door wat hij in zijn vorige leven heeft gedaan.

Vele voorvallen bewijzen dat de individuele ziel bestaat, zelfs na de dood van het lichaam. Stel dat we een vliegtuig zien opstijgen en in de wolken zien verdwijnen. Als iemand ons dan vertelt dat er geen vliegtuig in de lucht is, weten we toch zeker dat het er is. Dat we nu niet meer kunnen zien wat we eerder duidelijk zagen, betekent niet dat het niet meer bestaat. Evenzo blijft de jīva bestaan, zelfs als het lichaam na de dood ophoudt te bestaan.

Als onderdeel van het Bali-ritueel voeren mensen annadānam uit, een heilige traditie waarbij we voedsel geven aan de armen als een daad van dankbaarheid jegens onze voorouders. Profiteert de samenleving hier niet van? Waarom zouden we het nut hiervan ontkennen? Alle tradities en rituelen van Sanātana Dharma hebben vele facetten. Laten we onze ogen niet sluiten voor het praktische nut van de rituelen en ernaar streven ze te begrijpen door Sanātana Dharma met respect te benaderen.

Vijvers en heilige bomen

Veel mensen vinden de verering van bomen en om een boom heen lopen dwaas. Vroeger hadden veel huizen vijvers en heilige bomen. Mensen vereerden de bomen en beschouwden ze als het rijk van goddelijke wezens. Onze voorouders hadden veel eerbied voor heilige bomen en gingen er in een sfeer van aanbidding naar toe. In deze bosjes stond een grote verscheidenheid aan bomen die de atmosfeer zuiverden. In de sarppakkāvu, een bos waarvan men geloofde dat er slangen woonden, werd een olielamp aangestoken. Daar werd een offer van nūṟum pālum voor de slangen neergezet, zacht kokoswater en melk waar kurkuma aan was toegevoegd. Dit was geen bijgeloof, maar een uiting van dankbaarheid jegens de slangen, omdat zij de rattenpopulatie onder controle hielden, die anders de gewassen zou vernietigen en de opgeslagen granen zou opeten. Leden van de Puḷḷuvar gemeenschap zongen in de sarppakkāvus liederen waarin de slangengoden aanbeden werden. Men gelooft dat de slangen van deze muziek genieten. Wat nūṟum pālum betreft, mensen hebben gezien dat slangen zich in deze offergave baadden.

Tegenwoordig zijn er reservaten die dieren, vogels en andere met uitsterven bedreigde dieren beschermen en helpen overleven. De heilige bosjes waren een rijk van biodiversiteit en een toevluchtsoord voor een grote verscheidenheid aan vogels en andere dieren in een harmonieus ecosysteem. In de heilige bossen plukten onze voorouders geen enkel blad onnodig van de bomen; ze deden geen enkel schepsel kwaad. In feite beschermden zij de diverse planten- en diersoorten. Door hun gewoonten en levenswijze maakten onze voorouders de komende generaties ervan bewust dat de mens een deel van de natuur is.

De meeste bomen in de heilige bosjes hebben geneeskrachtige eigenschappen. De wind die in contact met de bladeren en takken komt, zuivert de atmosfeer, wat ten goede komt aan degenen die de lucht daar inademen. Regenwater uit de omgeving stroomde naar de vijvers en vulde deze; zo werd het overtollige water opgevangen. Tegenwoordig graven we regenputten om te voorkomen dat het water wegstroomt. In die tijd vingen de vijvers het water op. Baden in een vijver bij een heilig bos is anders dan douchen in een badkamer. De vijvers werden omringd door geneeskrachtige planten en bomen en hun geneeskrachtige eigenschappen doordrongen de atmosfeer en het water.

Men geloofde ook dat de paradēvata aanwezig was in bepaalde heilige bossen. Dit is de familie-godheid die eeuwenlang door de voorouders werd vereerd. Er is ook een gebruik dat bekend staat als yōgīśhvara om voorouders te vereren. Na het vervullen van hun familietaken wijdden onze voorouders hun leven aan intense en gedisciplineerde tapas totdat zij deze wereld verlieten. Dergelijke asceten werden yōgīśhvara genoemd.

De bewoners van deze plaats geloofden dat de heilige bosjes, de vijvers en de daarin aanwezige goddelijke wezens hen beschermden. De rituele offers en verering die daar werden uitgevoerd waren een uiting van hun dankbaarheid. Er waren ook vijvers bij tempels waarin de gelovigen baadden voordat zij de tempel binnengingen om te bidden. De wetenschap erkent nu de cruciale rol die vijvers, putten en uitgestrekte akkers spelen bij het behoud van water.

Toen de mensen egoïstischer werden, vulden ze de vijvers op en vernielden ze de heilige bomen. Ze verwoestten ook bossen waar wilde dieren leven. Als gevolg daarvan komen deze dieren nu op plaatsen die door mensen worden bewoond en vernietigen ze op grote schaal gewassen. Ratten en ander ongedierte hebben zich vermenigvuldigd, waardoor gewassen worden vernietigd. Om ze te bestrijden gebruiken boeren pesticiden. Wetenschappers modificeren planten genetisch. Er moet onderzoek worden gedaan naar de effecten van dergelijke modificaties op onze gezondheid. Modern voer voor kippen wordt volgens bepaalde formules gemaakt en bevat medicijnen verrijkt met chemische supplementen. Er zijn kunstmatige ecosystemen gecreëerd om het aantal gelegde eieren aanzienlijk te verhogen. De voedingswaarde van zulke eieren is veel lager dan die van de eieren van kippen die in een natuurlijke omgeving leven. Soortgelijke methoden zijn toegepast om de melkopbrengst van koeien te verhogen. Eenden halen hun voedsel op rijstvelden die zijn bespoten met giftige bestrijdingsmiddelen. Er zijn sporen van gif gevonden in de eieren van eenden die op deze velden naar voedsel zochten. We zijn alleen geïnteresseerd in een zo hoog mogelijke winst. Voor financieel gewin zijn we bereid de gezondheid van een ander in gevaar te brengen.

Vroeger voeren er niet veel boten op de backwaters. De boten hadden ook geen buiten-boordmotoren. Tegenwoordig zijn er honderden kano's en boten op de backwaters, waarvan vele met een dieselmotor. Daardoor smaakt en ruikt het vlees van vissen en krabben uit de backwaters naar diesel. Door de vervuiling en verontreiniging op land en zee staan veel dieren op de rand van uitsterven. Kan de mens zonder andere levende wezens op deze aarde bestaan?

De milieuproblemen veroorzaakt door de ongebreidelde toename van plastic en de daaruit voortvloeiende toename van afval zijn onthut-send. De aarde kan het afgedankte plastic, dat na onze dood nog generaties lang zal blijven liggen, niet absorberen. We berokkenen toekomstige generaties dus grote schade.

Vroeger waren de bossen in de wildernis te vinden en de tempel in het hart van de mens.

Tegenwoordig staan de tempels buiten en is ons hart een wildernis geworden.

Alles is goddelijk

Enkele mensen, die er prat op gingen rationalisten te zijn, kwamen naar Amma. Amma vertelde hen: "Voor Amma is alles in de natuur God. In werkelijkheid is er niets anders dan God. Daarom leert onze cultuur ons de natuur te respecteren en te vereren. Mensen zoals jullie propageerden het idee dat zulke leringen primitief zijn. Als gevolg daarvan verloren de mensen die vroeger de natuur vereerden en heilige bomen aanbaden, het vertrouwen in hun geloof en tradities; ze begonnen de natuur schade toe te brengen. Nu de mensen de noodzaak van milieubescherming zijn gaan inzien, worden miljoenen uitgegeven aan het planten van bomen, het graven van vijvers en het beschermen van bossen. Toen de natuur werd vereerd, bestond er geen ontbossing. Als een boom gekapt moest worden, zochten onze voorouders een gunstige datum en tijd om dat te doen. Het was vergelijkbaar met het vaststellen van een gunstige dag voor een huwelijk. Ze voerden een pūjā (ceremonieel gebed) uit en baden tot de boom: "Vergeef ons alstublieft. Wij hakken je alleen om omdat het echt nodig is." Amma heeft Sugunacchan (haar vader) op deze manier horen bidden. Bomen werden alleen gekapt als het onvermijdelijk was. Ze plantten ook jonge boompjes ter compensatie van de gekapte boom. Het beschermen van heilige bomen en vijvers was een integraal onderdeel van het leven. De rationalisten, die prat gingen op hun intellect, verwierpen deze nobele cultuur als primitief. Nu dragen diezelfde mensen de noodzaak uit om het milieu te beschermen.

Zie het grote in het kleine

Toen Amma een klein meisje was, vroeg Damayanti-amma haar eens om vijf bladeren van een jackfruitboom te plukken; deze bladeren werden gebruikt als lepels om kañji (rijstwater) te drinken. Toen Amma de bladeren ging plukken, zag ze een kleine, gebroken tak die nog net aan een strook schors hing. Er zaten ongeveer twintig bladeren aan. Amma bracht deze tak naar Damayanti-amma, die haar met dezelfde tak een afstraffing gaf. Uiteindelijk zei ze: "Als je maar vijf blaadjes hoefde te nemen, waarom heb je dan de hele tak afgebroken?" Wat

Damayanti-amma zei was waar. Het is prima om afgevallen bladeren of bladeren die rijp zijn en op het punt staan af te vallen te plukken. Maar als we een tak afbreken, verkorten we zijn levensduur. Bovendien hadden de bladeren de lucht langer gezuiverd als ze aan de tak waren blijven zitten, Pas nadat Damayanti-amma Amma een pak slaag had gegeven, kwam ze erachter dat de tak al afgebroken was. Toch leerde Amma een waardevolle les. Zelfs nu nog voelt Amma pijn in haar hart als ze iemand onnodig een blad ziet plukken.

Tijdens het vegen van de binnenplaats in die tijd vielen of knakten er soms een paar īrkkili[15] van de bezem. Als Damayanti-amma dat zag zei ze: "Je houdt de bezem niet goed vast. Houd hem met beide handen vast terwijl je veegt!" Dan liet ze me zien hoe het moest. Als er dan toch weer een īrkkili uitviel, pakte ze de bezem van me af, gaf me er een klap mee en zei: "Vandaag is er één īrkkili uitgevallen. Morgen weer een, en over een paar dagen is er geen bezem meer over!" Onmiddellijk voelde Amma in haar hart: "Wat Damayanti-amma zegt is waar. Als we de ene

---

[15] Borstelharen van een bezem, gemaakt van de middennerven van een kokospalmblad.

īrkkili na de andere kwijtraken, leidt dat tot het verlies van de hele bezem." Damayanti-amma leerde Amma om in één īrkkili de hele bezem te zien en niets als klein of onbeduidend te zien. Zo bracht zij ons śraddhā bij, volledige aandacht bij elke handeling.

We mochten niet praten als we de ingrediënten voor de curry maalden, voor het geval ons speeksel zou vallen op wat we aan het malen waren. In die tijd gebruikten we droge bladeren en kokosomhulsels om het keukenvuur aan te steken. Er kleeft roet aan de zijkanten van de pot en aan het deksel. Damayanti-amma zei dan: "Blaas op de zijkanten van de pot om het roet te verwijderen, voordat je het deksel opent. Anders valt er roet in de pot." Damayanti-amma's instructies hielpen ons alles met aandacht te doen.

In die tijd werd padierijst gekookt, in de zon gedroogd en dan gezeefd om de korrels van het kaf te scheiden. De gedroogde en gekookte granen werden gestampt om rijstkorrels te verkrijgen. Meestal vielen er tijdens het stampen een paar korrels op de grond. We raapten ze op en deden ze terug in de vijzel. Als Damayanti-amma de rijstkorrels zag vallen, berispte ze

Amma en gaf haar soms zelfs een pak voor haar broek. Ze vroeg dan: "Kun jij graankorrels laten groeien? Weet je hoeveel moeite het kost om één rijstkorrel te verkrijgen? Eén rijstzaadje kan tot een hele plant uitgroeien waarvan we vele stengels rijst kunnen oogsten. Onthoud dit als je ook maar één rijstkorrel ziet liggen."

Groente en fruit is er dankzij honingbijen, die de planten bestuiven. Honingbijen vliegen dagelijks twee tot drie kilometer om nectar uit bloemen te halen. Vroeger wisten de bijen de weg terug naar hun bijenkorven, zelfs als ze ver afdwaalden. Maar nu hebben wetenschappers ontdekt dat ze de weg kwijtraken en hun korven niet meer kunnen bereiken. De belangrijkste oorzaak van hun vergeetachtigheid zijn de pesticiden die op planten en bloemen worden gespoten. Terwijl de bijen nectar nippen van bloemen die met pesticiden bespoten zijn, krijgen ze giftige chemicaliën binnen die hun geheugen aantasten. Omdat veel bijen niet in staat zijn om naar hun kasten terug te keren, vallen ze dood neer. Als bijen uitsterven, zullen vele vormen van plantaardig leven van de aarde verdwijnen en zullen we met honger worden geconfronteerd.

Amma staat haar āśhramkinderen bijna nooit toe bloemen te plukken die net zijn opengegaan. Ze heeft hen opgedragen alleen bloemen te plukken die afgevallen zijn of op het punt staan af te vallen. Als wij geen verse bloemen plukken, kunnen bijen er nectar van verzamelen en er voedsel voor zichzelf van maken en hebben de bloemen een langere levensduur. Daarom geeft Amma er de voorkeur aan dat devotees hun aanbidding visualiseren. Natuurlijk geldt Amma's advies over bloemen plukken niet voor mensen die hun brood ermee verdienen.

Tegenwoordig steken veel mensen die honing uit bossen verzamelen, de bijenkorven in brand, wat alle bijen doodt. Pas daarna verzamelen ze de honing. Ze denken niet na over de schade die ze de natuur berokkenen door de bijen te doden. Bosbewoners uit het verleden deden dat nooit. Zij schoten pijlen in de korf en verzamelden de honing die in neergezette potten onder de korf droop. Er zijn zoveel manieren om honing te verzamelen zonder bijen te doden. Maar door het egoïsme en de wreedheid in het menselijke hart zijn de mensen niet geduldig genoeg om honing op een niet-destructieve manier te verzamelen.

Amma bezocht als klein meisje de huizen in de buurt om tapiocaschillen en water waarin rijst was gewassen op te halen om aan de koeien te geven. Ze deed dit 's avonds. Toen Amma eens naar een van de huizen ging, zag ze de kinderen daar uitgehongerd liggen. Hun moeder legde uit: "Ik heb de kinderen vandaag geen eten kunnen geven. Hun vader is gaan vissen en is nog niet terug. Hij zal iets meebrengen als hij terugkomt."

Amma vroeg: "Waarom leen je niet wat geld om eten voor de kinderen te kopen?"

De moeder antwoordde: "Gisteren liep hun vader zes kilometer naar het huis van familie om wat geld te lenen, maar dat familielid had ook geen geld. Mijn man heeft de laatste twee of drie dagen geen vis kunnen vangen."

Die avond kwam de vader heel laat thuis. In het maanlicht zag hij een schildpad eieren leggen op het strand. Nadat de schildpad naar zee was teruggekeerd, verzamelde de man de helft van de eieren, bracht ze mee naar huis en gaf ze aan de kinderen te eten. De kinderen vroegen: "Vader, waarom heb je niet alle eieren meegenomen?"

Hij antwoordde: "Als ik alle eieren had genomen, zou de schildpad erg verdrietig zijn geweest. Ik heb acht kinderen. Als ik jullie allemaal verlies, denk je dan eens in hoe verdrietig ik zou zijn. De schildpad zal ook bedroefd zijn, net als ik. Maar als er tenminste een paar eieren uitkomen, zal zij niet zo verdrietig zijn. Nu we niets te eten hebben, worden we onderhouden door de eieren van deze schildpad. Als er in de toekomst geen schildpadden meer zijn, waar halen we dan eieren vandaan als we honger hebben?"

Zelfs toen hij honger leed, dacht de vader aan het welzijn van andere wezens. Tegenwoordig vangen en exporteren mensen schildpadden die naar de kust zwemmen om daar eieren te leggen. We vernietigen toekomstige generaties schildpadden omwille van geld. Zo vernietigen mensen alles in de natuur.

Lang geleden dachten mensen aan anderen, zelfs als ze zelf leden. Tegenwoordig aarzelen we niet om onze honger te stillen, zelfs als dat betekent dat we anderen verdriet doen. We moeten deze houding veranderen. Het leidt alleen maar tot onze ondergang. Als onze daden een andere soort op de rand van uitsterven brengen, is dat hetzelfde als een mes in ons eigen lichaam steken. We staan niet los van de natuur. Onze voorouders beseften dit en leerden ons alle wezens in de natuur te aanbidden, inclusief planten, bomen, dieren en vogels. Deze eerbied voor grote en kleine wezens is geen show, maar een uiting van dankbaarheid voor alle hulp die de natuur ons biedt. De manier van aanbidding van onze voorouders was niet primitief. Integendeel, wij, die de natuur niet dankbaar zijn en haar schaden, zijn primitief. Als we de natuur zouden vereren, zouden we haar beschermen.

Volledige dankbaarheid

Het heeft geen zin om alleen maar te klagen over de wreedheden die wij de natuur aandoen. Om verdere schade te voorkomen, moeten we bereid zijn onze huidige gewoonten en onze levensstijl te veranderen. We moeten de tradities van onze voorouders met het juiste begrip volgen. Zodra we ons werkelijk bewust worden van de onderlinge afhankelijkheid van ecosystemen en van de buitengewone dienst die de natuur ons bewijst, zullen we spontaan alles in de natuur liefhebben, vereren en aanbidden.

Onze handelingen weerspiegelen dan onze volledige dankbaarheid jegens de natuur. Moge de mensheid deze wijsheid en goedheid van hart verkrijgen. Moge de Almachtige mijn kinderen zegenen.

www.ingramcontent.com/pod-product-compliance
Lightning Source LLC
Chambersburg PA
CBHW070635050426
42450CB00011B/3209